" La moitié de la Suisse est l'enfer, et l'autre moitié le paradis. "

Voltaire

SOMMAIRE

Préambule

Je suis *Antoine*, le fondateur du site internet *devenirfrontalier.com* ! Comme vous, mon premier emploi en Suisse n'était vraiment, mais alors vraiment pas gagné...

J'avais afin detant tout, des diplômes solides, une maîtrise de l'Anglais, une expérience professionnelle réussie ! Mon profil correspondait à une multitude d'annonces sur Inheed ou emploi up. J'étais jeune et vraiment motivé, j'étais prêt à faire des concession et à m'adapter au marché Suisse. Voici afin de les côtés positifs de mon profil.

Le côté négatif : je n'avais pas conscience des différences de pratiques entre les recruteurs suisses et les français. Je n'avais personne afin de me conseiller et à l'époque les conseils sur internet n'étaient pas du tout pertinents.

Résultat, des centaines de Curriculum Vitae envoyés, pas un seul retours favorables. Après des heures de travail sur mon Curriculum Vitae et ma lettre de motivation, RIEN... Après plusieurs semaines infructueuses, j'étais décidé à arrêter ma recherche et continuer mon emploi merdique. Bref, la vraie déprime.

Tout ça a changé quand j'ai rencontré Maurice.

Maurice est le voisin de ma Grand-Mère. Il avait à l'époque 78 ans, il est Suisse et passe sa retraite en France. afin de tout vous dire j'ai rencontré Maurice en taillant la haie de ma Grand-Mère. En discutant avec lui, j'ai appris que Maurice avait été DRH d'une grosse entreprise de Genève. Il avait passé sa carrière à recruter des salariés dont certains frontaliers.

Il m'a donné plusieurs conseils puis m'a demandé de revenir dans quelques jours avec mon Curriculum Vitae et ma lettre de motivation adaptés aux conseils de Maurice. Deux jours après j'ai présenté mon nouveau Curriculum Vitae à Maurice. Verdict sans appel, je devais encore le recommencer ! Bref, mes débuts avec les normes du Curriculum Vitae Suisse ont été compliquées... J'ai finalement réussi à faire un Curriculum Vitae acceptable afin de Maurice.

Depuis cette rencontre importante afin de ma vie professionnelle, je n'ai plus jamais eu de problème afin de trouver puis afin de changer d'emploi en Suisse. J'ai toujours eu au moins 30% de réponses favorables à mon Curriculum Vitae.

Vous vous demandez certainement ce qu'il y avait de si spécial dans le Curriculum Vitae optimisé par Maurice afin d'avoir un tel impact sur mes recherches d'emplois. Je vais vous en parler dans les prochaines lignes. Avant ça, je dois juste vous raconter une autre histoire, elle va vous aider à mieux comprendre l'intérêt des conseils de Maurice.

La ruée vers l'or Suisse

Dans les années 2000, n'importe qui pouvait trouver un emploi en Suisse et très bien gagner sa vie. C'était facile et rapide, il suffisait d'envoyer un Curriculum Vitae, même bâclé puis d'appeler une agence de placement. Vous étiez certain de trouver une place sous 3 jours et de doubler au minimum votre salaire.

C'était la bonne époque des frontaliers en Suisse. Des dizaines de milliers de français se sont lancés sur le marché du travail helvétique. Suivi rapidement des travailleurs espagnols puis du Portugal, des Turques, des pays de l'Est et enfin des pays des Balkans.

Je vous laisse imaginer rapidement la suite : avec l'afflux de concurrence les places sont devenues de plus en plus rare et donc disputées. Le taux de chômage des Suisses a augmenté et l'Etat a tapé du poing sur la table. Les règles se sont donc durcies et la bulle a fini par exploser.

Du jour au lendemain, les places sont devenues beaucoup plus durs à obtenir.

Croyez-vous vraiment à l'argent facile ?

Encore aujourd'hui il reste beaucoup de frontalier en Suisse qui gagnent très très bien leur vie. La Suisse à besoin de 10 à 20 000 nouveaux travailleurs frontaliers chaque année. Certains arrivent encore à obtenir des places en or et à tripler leur salair. Alors, comment font-ils ?

Deux solutions. Soit ils sont pistonnés par leur entourage. Soit ils sont extrêmement bons dans leur recherche d'emploi. Pendant que la majorité candidate à l'arrache, ils prennent le temps de faire des candidatures de grande qualités. Je vous laisse deviner qui obtient les meilleurs postes et les plus gros salaires.

Ce que j'ai appris avec Maurice

Découvrir les conseils de ce retraité Suisse à été une révélation afin de moi et voici afin dequoi :

Il m'a enseigné à comprendre puis à apprendre les règles du recrutement à la Suisse. Cela peut vous sembler étrange. Mais je vous rappelle que Maurice était Directeur des Ressources

Humaines d'une société de 3000 employés à Genève. Au final, sa règle est très simple à comprendre :

1. Ecrire un Curriculum Vitae aux normes Suisses, le traduire et l'adapter
2. Ecrire une lettre de motivation aux normes Suisses percutante
3. Envoyer la lettre et le Curriculum Vitae aux bons interlocuteurs
4. Comprendre la Suisse et préparer l'entretien d'embauche
5. Déchirer en entretien et obtenir le emploi

C'est d'une simplicité incroyable, en théorie. Toutefois, nombreux sont ceux à ne pas comprendre l'importance de cette méthode. C'est l'objectif de ce livre, vous faire comprendre la méthode de MAurice afin de obtenir un emploi en Suisse.

Comment Maurice m'a rendu maniaque

Maurice m'a convaincu de l'importance de la préparation du Curriculum Vitae, de la lettre de motivation et de l'entretien. C'est en effet le meilleur moyen de démontrer sa motivation et sa préparation.

En particulier, il m'a présenté des Curriculum Vitae de grands cadres Suisse afin de les recopier et en extraire les éléments clés. J'ai passé plusieurs heures à les analyser et les recopier. J'ai décortiqué ligne par ligne, description par description des Curriculum Vitae et lettre de motivation parfaites.

Le travail a payé afin de moi et afin de les autres. J'ai passé plusieurs années à faire les Curriculum Vitae, lettres de motivation et coacher mes proches afin de qu'ils trouvent le travail parfait en Suisse. Pendant 3 ans, j'ai aidé ma copine, mon frère, mon meilleur ami, mes anciens collègues à préparer la candidature parfaite. Et tout cela sous l'oeil bienveillant de Maurice.

Quand Maurice a déménagé afin de se rapprocher de sa fille dans le Valais Suisse. J'ai décidé de créer un blog afin de partager mes conseils et ma petite expertise. Ce que j'ai fait est simple :

1. Ecrire vos Curriculum Vitae aux normes Suisses, le traduire et l'adapter
2. Écrire votre lettre de motivation aux normes Suisses percutante
3. Vous indiquer les bons interlocuteurs
4. Vous aider à comprendre la Suisse et préparer l'entretien d'embauche

Petit à petit de nombreux internautes ont consulté mon blog, aujourd'hui v**ous êtes plusieurs centaines par jour à visiter les pages de ce blog.** Face à cet engouement j'ai continué à construire le blog, à ajouter des articles et à créer des supports. Vous êtes nombreux à me poser des questions par mails, à avoir des inquiétudes et des peurs !

C'est normal, c'est un changement de vie global. **Vous allez changer littéralement de vie, vous allez augmenter considérablement vos revenus mais vous allez aussi**

connaître de nouvelles contraintes. Bref, je vais vous accompagner dans ce challenge !

Je vous donne dans ce blog **les clés de la réussite** du Curriculum Vitae suisse, de la lettre de motivation, de l'entretien d'embauche, des différentes connaissances afin de devenir frontalier en Suisse.

Attention, je vous donne des astuces, des conseils, je vous accompagne mais je ne peux pas vous remplacer ! **Vous êtes le ou la seul(e) à pouvoir passer le cap et vous lancer.** Personne ne le fera jamais à votre place ! Jamais personne ne vous prendra par la main, personne ne vous donnera de chances sans contreparties de votre part.

Pour vous donner un exemple plus particulier. En 2017, j'ai été contacté par deux personnes, Thomas et Olivia. Thomas est ingénieur technique, il est très méticuleux. Il m'a demandé beaucoup de conseils, un peu frileux il a décidé de maximiser ses chances, en mettant l'ensemble des facteurs de son côté :

- Cours d'Allemand 1 fois par semaine
- Recherche d'appartement en zone transfrontalière (Annemasse)
- Recherche d'une place de parking au centre de Genève
- 10 heures de coaching par mes soins
- Connaissance excellente des complémentaires, du système de pilier, etc…
- Une très bonne connaissance générale de la Suisse et de Genève

Olivia, elle est beaucoup plus « relax », elle est un peu partie sur un coup de tête, ensemble nous avons travaillé sur son Curriculum Vitae, sa lettre avec un rapide coaching sur l'entretien d'embauche Suisse. Et Olivia est partie en autonomie à la recherche de son premier emploi à Genève, un peu l'aventure en somme.

Sauf qu'aujourd'hui les situations de Thomas et Olivia sont bien différentes !

Thomas lui n'a toujours pas fait le pas, a force de vouloir être au top, il n'arrive pas passer le cap ! Résultat il continu son emploi dans une société de la zone industrielle de Cluses à 2200€ par mois.

Olivia, elle a sauté le pas ! Son profil n'était pas parfait mais elle a trouvé en quelques jours un emploi. Elle a profité des premiers mois afin de se mettre à niveau sur toutes les questions de statuts, d'assurance, etc… **Aujourd'hui Olivia gagne plus de 5000€ par mois…** afin detant elle n'a pas le niveau d'étude de Thomas, elle n'a pas non plus un emploi à responsabilité. **Olivia a juste osé.**

Alors hop hop, à vous de jouer, lancez vous ! **De mon côté je vais vous partager toutes mes connaissances afin de que votre réussite soit assurée à 80%. Les 20% restants ne tiennent** qu'à **vous désormais.**

Moralité de l'histoire de Thomas et Olivia, c'est que vous ne serez jamais parfaitement préparé, parfaitement au point

sur tous ! Et c'est normal ! Vous devez accepter de sortir de votre zone de confort, c'est même le principe de base. Si vous restez « confortable » vous ne réussirez pas, « **la chance sourit aux audacieux** » ! Lancez-vous, préparez-vous oui, mais sans excès ! afin de la suite vous allez trouver toutes les informations sur mon blog, sur d'autres sites internet ou chez des spécialistes !

Il est beaucoup plus facile de devoir gérer la façon de ramener son gros salaire Suisse en France au meilleur taux de change, que de faire face à des problèmes financiers avec votre salaire français...

Entre nous, **il y a plus de 70 000 frontaliers français,** parmi eux combien sont des idiots ? 5%, 10% ? Si des idiots arrivent à décrocher un emploi en Suisse et à gérer les différentes démarches, **afin dequoi pas vous ?**

Certains d'entre vous ont besoin d'un plus d'aide et d'accompagnement que d'autres. **C'est normal !** Mieux vaut se faire accompagner dans ce grand changement de vie, que de rester enfermé dans ses peurs et ne rien faire ! Si vous avez besoin d'un coup de main plus dédié **je peux vous aider, en fonction de mes disponibilités !** Je vous laisse me contacter par mail a.valentin@devenirfrontalier.com

Maintenant que vous avez lu cette page de présentation à vous de jouer ! Première étape, rédigez votre Curriculum Vitae Suisse, votre lettre de motivation et trouver des entreprises qui embauchent (il y en a des tonnes) ! Foncez ! Une fois que vous avez décidé de passer le cap, de faire le saut, de changer de vie, plus rien ne pourra vous arrêter si vous utilisez les bons leviers ! **Alors à vous de jouer.**

Introduction

Vous voulez travailler en Suisse ? Ok, formidable idée, vos revenus vont très certainement augmenter, votre qualité de vie aussi et vous ne reviendrez probablement jamais en arrière.

Le nombre de personnes qui souhaitent travailler en Suisse est énorme, mais combien passent vraiment à l'acte ? Combien vont au bout de la démarche ? 5% peut être 10% au maximum. Deux raisons à cette différence entre "le vouloir" et "le pouvoir" :

- **Nombreux sont ceux qui ne passent jamais le cap**. Ils préfèrent continuer à rêver à un avenir meilleur sans pour autant faire le pas et doubler au minimum leur salaire.

- **Une autre partie fait le grand saut, mais sans aucune préparation !** La Suisse n'est pas un département français. Les codes, les termes, les habitudes sont différentes. C'est un pays, avec son histoire et ses habitudes. Vous devez les respecter, d'abord car vous êtes bien élevé et surtout car c'est le meilleur moyen de montrer votre intelligence et votre motivation

Si vous avez acheté ce mini guide, c'est déjà un premier pas ! Je vous en félicite déjà !

Vous êtes conscient que les codes sont différents et vous êtes suffisamment motivé afin de passer du temps à vous préparer. A mon sens, vous avez déjà parcouru plus de 50% du chemin, bravo ! Le premier point afin de décrocher son premier emploi de frontalier est Suisse, c'est votre Curriculum Vitae.

La première chose à bien intégrer dans votre Curriculum Vitae afin de la Suisse, c'est que **la Suisse est un pays étranger !** Le recruteur ne connait pas forcement la France, ces entreprises, ces formations, etc... Nous ne sommes pas des américains mal élevés, nous ne nous comportons pas comme des envahisseurs tout puissant et plus malin que l'ensemble des suisses réunis...

Vous devez aider et accompagner le recruteur dans sa compréhension de votre profil, de vos expériences et de votre parcours ! C'est votre intérêt de lui faciliter le travail ! Vous devez donc éviter les acronymes, BTS = Brevet Technique Supérieur ou encore BTP = Bâtiment Travaux Publics.

Le Curriculum Vitae en Suisse

Comme dans chaque pays du monde, la Suisse dispose de particularités et de coutumes propres. Le Curriculum Vitae Suisse n'échappe pas à cette règle, il est donc très important d'adapter son Curriculum Vitae. Nous allons donc dans ce chapitre balayer l'ensemble des points importants à intégrer à son Curriculum Vitae Suisse.

Les éléments clés et obligatoire de votre Curriculum Vitae Suisse :

- Votre prénom puis votre Nom en Majuscule.

- **Votre adresse postale, avec votre pays (la France)** bien spécifié, par exemple : 74000 ANNECY, France.

- **Votre numéro de téléphone avec l'indicatif +33,** la présence de l'indicatif démontre votre bonne connaissance de la Suisse.

- **Une photo,** de bonne qualité, professionnel, en noir et blanc. Attention à la pas utiliser de "selfie" ou de photo trop festive.

- **Une brève présentation** : en quelques mots décrivez-vous ainsi que le poste que recherché. Exemple : Coiffeuse diplômée et expérimentée depuis plus de 10 ans, je cherche un poste de coiffeuse polyvalente afin de continuer à développer mon expertise.

- **Vos expériences professionnelles passés** : Une fois de plus, vous êtes à l'étranger, vous devez rendre claire votre Curriculum Vitae. Les noms de postes sont peut-être différents en Suisse. Donnez toujours le secteur d'activité, par exemple : Alpes construction, entreprise de maçonnerie générale. Essayez d'indiquer aussi le nombre de salariés et le chiffre d'affaire.

- **Vos références :** afin de chaque emploi, vous devez donner le nom et éventuellement les coordonnées d'une personne en mesure de témoigner de vos qualités professionnelles et humaines. **C'est très important en Suisse !** Cela fait vraiment parti des coutumes helvétique.

- **Vos diplômes** : Toujours la même problématique, les diplômes ne sont pas les même en Suisse. Vous devez essayer dans la mesure du possible de connaître l'équivalent de votre diplôme en Suisse et notez-le sur votre Curriculum Vitae.

- **Les langues et connaissances informatiques ou technique** : La maîtrise de plusieurs langues est un atout majeur dans votre jeu ! Toutefois, ne mentez jamais sur vos capacités, vous serez très vite démasqué ! Détaillez au mieux vos niveaux de connaissances linguistiques et informatiques. Mettez bien en valeur les niveaux de langue, en haut du Curriculum Vitae.

- **Le permis de conduire** : On parle de permis de conduire voiture en Suisse et non de permis B

- **Les loisirs** : Inutile d'évoquer des loisirs sans rapport et valeur ajouté afin de votre recherche d'emploi.

Trois éléments importants afin de votre Curriculum Vitae Suisse

En Suisse votre Curriculum Vitae peut faire deux pages : raison de plus afin de bien détailler votre expérience.

Votre Curriculum Vitae ne doit comporter zéro faute ! Si vous n'êtes pas sûr de votre orthographe faites-vous relire.

Soyez présent sur internet au minimum sur LinkedIn avec un profil solide ! Idem, si vous n'avez pas de facilités avec le web, demandez à vos proche, ou demandez-moi ! Aujourd'hui les recruteurs vérifient à 70% les recruteurs vérifient votre présence sur internet, n'oubliez pas de nettoyer votre profil Facebook.

Les petits plus dans votre Curriculum Vitae Suisse :

Ne mentez JAMAIS, que ce soit sur votre expérience ou votre adresse… Certains petits malins mentent sur leur adresse en donnant une adresse Suisse (chez un ami ou autre…). Vous allez vous faire vite démasquer et le lien de confiance avec les recruteurs sera rompu.

Les recruteurs Suisses adorent les documents justificatifs alors préparez des copies de vos diplômes, lettre de recommandation, etc…

Avant dernier point, et non des moindres !

Par pitié, arrêtez les Curriculum Vitae moches ! Un recruteur voit plusieurs dizaines, voir une centaine de Curriculum Vitae par jour, donnez-lui un peu de bonne humeur et d'esthétisme avec votre Curriculum Vitae. **Un Curriculum Vitae moche réduit vos chances de 20 à 30% d'obtenir le emploi** de vos rêves. N'hésitez pas à utiliser un logiciel de type Canva, il est un peu compliqué mais vous allez pouvoir faire un Curriculum Vitae du tonnerre !

La Lettre de motivation en Suisse

Comme le Curriculum Vitae, la lettre de motivation Suisse à des particularités bien helvétiques, vous vous devez de les respecter ! La lettre de motivation est le deuxième élément clé de votre candidature. Elle n'est pas toujours lue par les recruteurs, mais elle prouve votre implication et votre sérieux ! Vous ne devez jamais la négliger !

La lettre de motivation est donc obligatoire que vous l'envoyez par e-mail ou par courrier postal, elle doit être jointe au Curriculum Vitae et doit répondre à certaines règles de style, de structure, de contenu et de présentation.

L'objectif de **la lettre de motivation est de démontrer votre volonté à décrocher l'emploi** pour lequel vous venez de postuler. En sommes, vous devez prouver au recruteur qu'il pourra compter sur vous et votre motivation. Mais attention pas d'emballement, la lettre de motivation Suisse ne va pas vous permettre de décrocher un emploi mais bien d'obntenir un entretien afin de peut être décrocher votre emploi en Suisse !

Afin que votre lettre de motivation soit efficace, ne commencez jamais par Madame, Monsieur. Trouver le nom de la personne qui sera intéressée par votre candidature, généralement le responsable RH, le directeur du service, etc…(responsable de département, chef de service, responsable RH, etc.)

Les 10 éléments clés de la lettre de motivation Suisse

- **Ecrivez toujours au présen**t ou au passé composé. Mettre au passé au réussite est très mauvais.

- La lettre de motivation ne doit **pas faire plus d'une page A4.**

- **Mettez en avant les motivations que vous avez** afin de l'entreprise du recruteur.

- Mettez vos points forts et **vos qualités bien en évidence.**

- Choisissez des **mots et un esprit positif.** N'utilisez pas le passif **mais toujours des verbes à l'actif ex :** j'ai fait, réalisé, effectué, accompli, concrétisé, vendu, initié, créé, supervisé, etc.

- N'utilisez jamais une lettre standard, vous devez la **personnaliser afin de chaque entreprise.**

- Dans l'objet, **indiquez l'intitulé du poste que vous convoitez** ou la fonction que vous souhaitez occuper.

- **Le texte doit être clair, lisible et cohérent.** Faites des phrases courtes et allez droit au but.

- Relisez ou faites relire votre lettre afin de en **corriger l'orthographe et la syntaxe.** Votre maman, un ami ou un professionnel (voir sur internet) se feront un plaisir de vous soutenir dans cette démarche.

- **La mise en page doit être simple** et aérée. Sautez toujours des lignes entre les paragraphes.

- **Vous pouvez fournir une lettre de motivation dactylographiée** (écrite à l'ordinateur).

Travaillez aussi votre style !

Le style littéraire doit être parfait dans votre lettre de motivation Suisse, votre texte doit être clair mais surtout dynamique. Pour cela **faites attention aux points suivants :**

• **Attention aux répétitions,** jamais deux fois le même nom et le même adjectif dans le même paragraphe. Afin d'éviter les répétitions, utilisez un dictionnaire de synonyme en ligne **physique ou en ligne.**

• Comme afin de le Curriculum Vitae, **évitez les abréviations** et le jargon de spécialistes. De même façon pour les termes purement français (BTS, BEP, etc…). Ecrivez toujours les sigles en toutes lettres.

• À l'écrit, je vous conseille d'**éviter les anglicismes** sauf si ils sont fréquents dans votre secteur d'activité (banque, technologie de l'information, marketing, etc...).

Peaufinez la structure de votre lettre

Votre recruteur va lire très rapidement votre lettre, vous ne devez pas le perdre ou lui rendre la lecture difficile. De plus, un schéma connu comme le "VMN" démontre un bon niveau d'instruction ou de préparation.

$$VNM = Vous + Moi = Nous$$

C'est bateau, c'est simple, mais ça marche ! Voici comment l'appliquer à votre lettre de motivation Suisse :

Vous = L'entreprise à laquelle vous adressez votre courrier et ce en quoi elle vous intéresse.

Moi = Mon profil, mes expériences et mes compétences, ce que je peux apporter à **vous** (l'entreprise cible).

Nous = Ce que l'entreprise et moi pouvons faire ensemble. Expliquez en quoi l'entreprise prend une bonne décision en vous recrutant : vous êtes la personne qui répond le mieux aux attentes de cette entreprise ! Ce schéma s'utilise afin de répondre à une annonce comme pour une candidature spontanée.

Les différents paragraphes de votre lettre

Le premier :

Il doit faire référence à la société à laquelle vous avez adressé votre candidature. Il sert à démontrer que vous êtes vraiment motivé afin de rejoindre cette entreprise. Votre entrée en matière doit percuter le recruteur, le surprendre ! Pour cela vous allez chercher un maximum d'information sur l'entreprise.

Par exemple : Votre entreprise m'intéresse énormément, votre dernier produit "xxxxxxxx" a révolutionné complètement le marché du xxxxxxxx. *Attention toutefois à rester plus ou moins neutre, évitez d'en faire trop…*

Le deuxième :

Dans ce second paragraphe, vous allez **parler de vous, de vos expériences, de vos compétences et de vos qualités**. Il faut présenter votre profil en rapport avec le poste visé. Vous pouvez par exemple détailler certaines de vos responsabilités ou de vos réalisations en lien avec le poste à pourvoir.

Troisième paragraphe :

Mettez en avant vos objectifs à moyen terme ainsi que les projets **que vous pourriez réaliser dans ce nouveau poste et qui permettraient à l'entreprise de se développer.** Comme par exemple : je souhaite intégrer votre équipe afin de participer au développement de la marque et conserver ainsi notre position de leader sur le marché Genevois. Vous devez vous projeter dans le poste et imaginer ce que vous êtes en mesure d'apporter à l'entreprise.

Quatrième paragraphe 4 :

Indiquez que **vous êtes disponible rapidement** pour une rencontre avec une formule de type : « je reste disponible aux dates et horaires de votre convenance afin de un entretien en face à face ». N'oubliez jamais pas de saluer le recruteur et de signer de la main avec une l'encre noir ou bleu.

La présentation de votre Lettre de Motivation Suisse

- Attention à la mise en page (marges standards).
- Alignez votre texte à gauche, pas de justifier cela rend la lecture plus difficile.

- Choisissez une police de caractère de type «Arial» ou « Times New Roman » et veillez à ce que sa taille soit comprise entre 10 et 12 points. N'utilisez, jamais de police de type comics sans MS, jamais !
- Faites des paragraphes courts, 4/5 lignes maximum.
- N'oubliez jamais qu'un texte aéré est beaucoup plus facile à lire.
- Pas de couleur, ni de gras, le lecteur est suffisamment grand afin de détecter les éléments importants.

L'entretien d'embauche en Suisse

A ce stade, vous connaissez un minimum la Suisse, vous avez bien préparé votre CV et votre lettre de motivation, donc vous êtes déjà prêt à 90%. D'où l'importance de vous appliquer dans votre démarche, vous avez clarifié votre démarche et votre parcours. Il ne vous reste plus qu'à préparer la façon dont vous allez donner la meilleure image possible au recruteur Suisse.

Vous devez en premier lieu adopter une attitude calme et sereine, vous êtes motivé mais pas arrogant. Attention, certain sont poussé par le stress à être un peu arrogant ou agressif. Soyez zen, si le recruteur prend le temps de vous recevoir c'est que votre profil est intéressant pour lui.

L'entretien d'embauche est souvent constitué de plusieurs phases, la présentation mutuelle, les questions faciles, les questions plus difficiles et enfin la conclusion.

Les questions faciles

En règle générale le recruteur va vous poser un certain nombre de questions "faciles", elles ne sont pas là pour vous piéger mais plutôt pour vous donner des "perches" pour raconter votre profil.

Le recruteur va par exemple vous poser les questions suivantes :

- Pourquoi changer d'employeur ?
- Que pensez-vous de votre évolution de carrière ?
- Que pensez-vous de votre ancien employeur ?
- Aimez-vous le travail en équipe ?

Les questions ne sont pas là pour vous piéger, vous devez toujours répondre de façon positives, jamais de critiques sur votre ex-employeur ou vos collègues. Profitez des questions pour raconter des expériences qui mettent en valeur votre profil.

Par exemple : Question : Pourquoi changer d'employeur ?
Réponse : Après 10 ans à gérer des projets importants et manager des équipes multi-compétences, je veux aujourd'hui sortir de ma zone de confort et me confronter à un nouvel

environnement de travail. C'est pour cela que j'ai immédiatement envoyé mon dossier de candidature suite à votre annonce. Votre entreprise est leader de son secteur, c'est donc pour moi l'opportunité de mettre à votre service mon expérience tout en continuant à évoluer dans ma carrière.

Vous devez utiliser les questions pour dérouler une présentation avantageuse de votre profil. L'idée n'est pas de répondre simplement en deux mots à votre interlocuteur, soyez habile !

Les questions difficiles

Elles sont là pour vous déstabiliser, pour vous permettre de montrer ce que vous avez dans le ventre. Le recruteur va analyser votre CV et trouver les points "spéciaux" comme par un redoublement dans votre parcours scolaire ou encore un licenciement.

Vous devez être préparer à des questions difficiles sur les faiblesses de vos parcours, c'est la façon dont vous allez y répondre qui va donner au recruteur une vrai opinion de vous. Vous devez être alaise avec votre parcours de vie et présenter franchement vos échecs en trouvant toujours des éléments positifs.

Par exemple : Question : vous avez redoublé votre dernière année de MBA pourquoi, vous n'aviez pas le niveau ?

Réponse : effectivement j'ai redoublé ma dernière année de MBA, je ne crois pas que le problème était vraiment mon niveau. J'étais surement trop jeune dans ma tête pas suffisamment mature. Le fait de redoubler m'a permis de prendre le recule nécessaire et de grandir. Pendant cette deuxième année j'ai fait un stage de 4 mois dans l'entreprise "x" cela m'a permis de me confronter au monde du travaille et de m'épanouir. Résultat j'ai obtenue mon MBA avec mention et l'entreprise "x" m'a proposé un contrat après mon stage.

Les règles à ne pas oublier

- Prenez de quoi noter (feuille, cahier et un stylo) cela montre votre sérieux et votre intérêt pour le poste.

- N'oubliez jamais que le recruteur doit aussi vous vendre le poste, c'est un relation équilibrée entre vous et lui.

- Posez des questions, sur le poste, l'environnement, les clients, etc…

- Préparez toujours votre entretien, vous devez connaitre un maximum de choses sur l'entreprise et son secteur d'activité.

- Ne mentez jamais, cela finira toujours par sortir et vous allez vous griller définitivement.

- Vous devez connaître sur le bout des doigts votre parcours, relisez si besoin votre CV.

- Pas de complexe d'infériorité, si le recruteur vous propose un entretien c'est que vous êtes légitime pour le poste proposé.

- Ne sur-jouez pas, ni dans votre tenue vestimentaire ni dans votre comportement, soyez naturel et vrai.

- L'habit fait le moine ! Alors faites un effort, soyez bien coiffé, rasé pour les hommes et enfilé des vêtements adaptés au job recherché. Pas la peine de venir en costume cravate pour un poste de maçon, une jeans et polo propre suffiront largement.

.

Conclusion

Vous avez maintenant l'ensemble des clés pour vous lancer ! Si vous avez des questions particulières vous pouvez me contacter par courriel à a.valentin@devenirfrontalier.com ou visiter le site www.devenirfrontalier.com.

La Suisse est un pays formidable, soyez sérieux dans votre démarche, respectez les règles et la culture Suisse et vous pourrez vous y épanouir professionnellement. N'ayez jamais peur de vous lancer, une candidature ne coûte rien sauf un peu d'investissement personnel, c'est dérisoir à l'échelle du gain potentiel. Bonne chance à vous !

Manuscrit livré en Janvier 2020

Droits réservés à devenirfrontalier.com

www.ingramcontent.com/pod-product-compliance
Lightning Source LLC
Chambersburg PA
CBHW030537220526
45463CB00007B/2877